25 MARS 1867

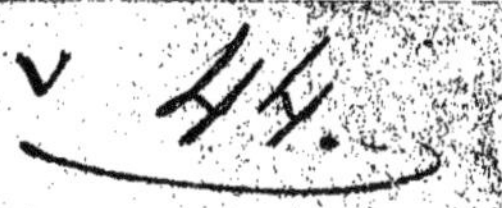

Vente des 25 et 26 Mars 1867.

OBJETS D'ART

ET

DE CURIOSITÉ

Exposition publique le Dimanche 24 Mars 1867

Me CHARLES PILLET, COMMISSAIRE-PRISEUR | M. CHARLES MANNHEIM, EXPERT

1867

NOTICE

D'OBJETS D'ART

ET DE CURIOSITÉ

Faïences françaises et hollandaises;
Porcelaines de Saxe, de Sèvres, de Chine et du Japon;
Verrerie de Bohême;
Quelques Armes; Bronzes d'ameublement;
Meubles Louis XV et Louis XVI; Étoffes et Tapisseries;
Objets variés.

DONT LA VENTE AURA LIEU

HOTEL DROUOT, SALLE N° 5

Les Lundi 25 et Mardi 26 Mars 1867

A DEUX HEURES.

Par le ministère de Me **CHARLES PILLET**, Commissaire-Priseur,
rue de Choiseul, n° 11,

Assisté de M. **CHARLES MANNHEIM**, Expert, rue de la Paix, n° 10.

Chez lesquels se trouve le Catalogue.

EXPOSITION PUBLIQUE

Le Dimanche 24 *Mars* 1867, *de une heure à cinq heures.*

CONDITIONS DE LA VENTE

Elle sera faite au comptant.

Les adjudicataires payeront *cinq pour cent* en sus des enchères

L'exposition mettant le public à même de se rendre compte de l'état des objets, il ne sera admis aucune réclamation une fois l'adjudication prononcée.

Paris. — Imprimerie de Pillet fils aîné, rue des Grands-Augustins. 5.

NOTICE

Faïences

1 — Quatre réchauds en faïence.

2 — Deux buires en faïence de Delft.

3 — Deux pièces : buste de femme en faïence de Delft et porte-huilier en faïence de Rouen.

4 — Saladier en faïence de Marseille à décor en camaïeu vert.

5 — Trois potiches en faïence de Delft.

6 — Brûle-parfums, pot-pourri en faïence de Rouen.

212

7 — Soupière et plateau en faïence de Moustiers.

8 — Trois plats ronds de même faïence.

9 — Trois plats longs, en faïence de Moustiers.

10 — Deux plats en faïence de Moustiers à fleurs et personnages en camaïeu jaune.

11 — Douze assiettes et un compotier en faïence; décor polychrôme à fleurs.

12 — Deux compotiers et un plat long en faïence de Moustiers.

13 — Deux consoles en faïence à têtes de bouc.

14 — Deux cache-pots en faïence; leurs anses sont formées par des mascarons saillants.

15 — Cache pot analogue, mais plus grand.

16 — Soupière en faïence de Delft à décor en camaïeu bleu.

17 — Deux compotiers et leurs plateaux en faïence de Delft.

18 — Cruche en faïence d'Avignon émaillée noir et vert.

19 — Six assiettes en faïence de Moustiers, décor dans le style de Callot.

20 — Théière et pot à bière en grès.

21 — Autre théière en grès gris et pot à bière de forme droite.

22 — Pot en terre de Munich dont le pourtour présente les figures des apôtres émaillées en couleur.

23 — Pot à tabac en terre émaillée, analogue à la pièce qui précède.

24 — Tasse et soucoupe en faïence de Perse.

Porcelaines

25 — Deux pots à anses et à armoiries en céladon bleu à fleurs.

26 — Grand bol en porcelaine du Japon à décor en camaïeu bleu sur blanc.

27 — Théière en porcelaine craquelée à feuilles de roseau.

28 — Deux sucriers en ancienne porcelaine de Chine à décor émaillé en couleurs.

29 — Grand bol en porcelaine de l'Inde portant un chiffre et décoré d'un navire.

30 — Fontaine à deux anses en porcelaine du Japon à décor en camaïeu bleu.

31 — Belle fontaine en ancienne porcelaine du Japon décorée en couleurs et garnie d'une monture ancienne en bronze doré.

32 — Autre fontaine en vieux japon à décor en camaïeu bleu et garnie d'une monture ancienne en bronze doré.

33 — Trois bols et leurs plateaux en porcelaine de Chine décorés en émaux de la famille verte.

34 — Deux bols et leurs plateaux de même porcelaine et de décor analogue avec réserve en camaïeu bleu sur fond blanc.

35 — Moutardier et deux assiettes en porcelaine d'Allemagne.

36 — Trois pièces : chien en vieux chine et deux chats en vieux japon.

37 — Deux assiettes et un plat en ancienne porcelaine de Saxe.

38 — Deux salières en ancien blanc de Chine.

39 — Deux présentoirs complets en terre de Boccaro.

40 — Théière en porcelaine de Chine fond bleu à médaillons et montée en argent.

41 — Quatre bols en porcelaine du Japon à décor en camaïeu bleu sur blanc.

42 — Deux petits pots à anses en ancienne porcelaine de Chine.

43 — Deux tasses à chocolat en porcelaine du Japon fond rouge.

44 — Deux grandes bouteilles en ancienne porcelaine du Japon à décor en camaïeu bleu.

45 — Théière en porcelaine de Chine décorée en émaux de la famille verte.

46 — Théière en porcelaine de Chine à côtes et quatre tasses blanches.

47 — Quatre tasses à anses et une théière en porcelaine de Chine.

48 — Deux compotiers en ancienne porcelaine du Japon décorés de rosaces et d'ornements en couleurs.

49 — Grande théière et pot au lait en terre de Boccaro.

50 — Deux petits plats ronds en ancienne porcelaine du Japon.

51 — Bouteille de narguilhé en vieux chine.

52 — Bustes de Voltaire et de Rousseau en biscuit et montés en bronze doré.

53 — Deux petits magots en ancien blanc de Chine montés en bronze doré.

54 — Deux baguiers en vieux saxe.

55 — Boîte à thé en blanc de Chine.

56 — Deux légumiers, porcelaine de l'Inde.

57 — Socle en porcelaine de Saxe.

58 — Quatre bols en porcelaine de Chine décorés de fleurs en couleurs.

59 — Deux porte-bouquets forme carrée à anses en porcelaine du Japon, décorés en camaïeu bleu.

60 — Deux présentoirs complets en vieux japon.

61 — Six tasses et soucoupes en porcelaine de Chine fond jaune et décor en couleurs.

62 — Deux vases jardinières en biscuit de Wedgwood.

63 — Six petits animaux en faïence et en porcelaine.

64 — Pot en porcelaine du Japon avec couvercle en étain.

65 — Flacon en forme de baril en porcelaine du Japon, décor en camaïeu bleu sur blanc et deux petits pots en porcelaine de Chine.

66 — Sucrier en porcelaine du Japon, décor à rosaces.

67 — Socle en porcelaine de Saxe.

68 — Deux petits bols en porcelaine du Japon, bleu et or, et beurrier en porcelaine de Chine fond bleu à médaillons en couleurs.

69 — Deux petites bouteilles en porcelaine du Japon à décor en camaïeu bleu.

70 — Quatre tasses avec soucoupes en porcelaine du Japon, décorées de feuillages.

71 — Trois pièces en porcelaine blanche dont une garnie en argent.

72 — Petit vase en porcelaine blanche, garni en argent.

73 — Deux petits vases en ancienne porcelaine de Chine, dont un monté en argent.

74 — Six petits bols en porcelaine du Japon, de belle qualité.

75 — Grand bol et son plateau en porcelaine craquelée.

76 — Sept assiettes en ancienne porcelaine de Chine, à décor émaillé en couleurs.

77 — Petite garniture de cinq pièces en porcelaine du Japon.

78 — Dix tasses avec soucoupes en porcelaine de l'Inde, décorées de fleurs.

79 — Deux petits groupes en ancienne porcelaine de Saxe, représentant les quatre parties du monde.

80 — Deux petits groupes d'Amours en porcelaine de Saxe.

81 — Groupe de deux nègres en porcelaine de Copenhague.

82 — Jolie tasse avec soucoupe en ancienne porcelaine de Sèvres, pâte dure à médaillons de personnages très-finement peints en couleur. Cette tasse passe pour avoir appartenu à la reine; elle a été donnée à Madame C. par M. le duc de Rivière, gouverneur du duc de Bordeaux.

83 — Plat et bouteille en porcelaine de Chine, décor en camaïeu bleu.

84 — Pot et cuvette de même porcelaine.

85 — Quinze pièces diverses en porcelaine. Ce lot sera divisé.

Verrerie

86 — Douze verres de Bohême taillés et dorés.

87 — Douze verres analogues, mais de forme différente.

88 — Six autres verres.

89 — Deux verres de Venise, l'un à pied, l'autre formant plateau.

90 — Paire de flambeaux en cristal de Bohême.

91 – Cinq verres mousseline forme calice.

92 — Six gobelets en verre mousseline de Bohême.

93 — Verre de Bohême à ornements gravés et dorés.

94 — Verre analogue, plus fin, gravé à armoiries.

95 — Verre doré représentant les quatre Saisons.

96 — Autre verre doré à couvercle.

97 — Douze verres à pied en verre de Bohême gravé. Époque Louis XVI.

98 — Deux bouteilles avec parties réservées à jour dans la panse.

99 — Deux bouteilles Louis XVI en verre de Bohême.

Armes

100 — Carabine du temps de Louis XIV avec batterie gravée à sujets de chasse et garnie d'ornements en cuivre doré.

101 — Carabine analogue à celle qui précède et de même époque.

102 — Escopette à deux coups.

103 — Épée Louis XVI à poignée en argent ciselé.

104 — Deux épées à poignées en fer ciselé.

105 — Deux hallebardes.

106 — Hallebarde de sergent gravée.

107 — Une autre, petit modèle.

108 — Porte-mèche armorié en cuivre doré.

109 — Grande hallebarde et javelot indien garni en argent.

110-111 — Trois sabres japonais en trois dimensions. Ils seront vendus séparément.

112 — Carquois indien en peau de poisson, garni de ses flèchés.

113 — Deux étriers en fer gravé et doré.

Bronzes

114 — Grande lanterne d'escalier en bronze doré, style Louis XV.

115 — Cage en cuivre repoussé destinée à être suspendue.

116 — Couronne en cuivre repoussé, également destinée à être suspendue.

117 — Verrière en cuivre rouge.

118 — Panier à anse en cuivre jaune repoussé.

119 — Chaufferette Louis XIII en cuivre repoussé.

120 — Fontaine et son bassin en cuivre. Époque Louis XIII.

121 — Applique Louis XIII à deux lumières et mouchettes sur plateau.

122 — Pendule Louis XVI en bronze doré, représentant un sujet allégorique.

123 — Porte-huilier Louis XVI en cuivre argenté.

124 — Deux pièces : lampe juive à trois becs et porte-montre en cuivre repoussé.

125 — Petit lustre en cuivre poli du temps de Louis XIII.

126 — Deux petits flambeaux Louis XV en cuivre gravé et doré.

127 — Statuette en bronze; femme assise.

128 — Deux flambeaux de bouillotte; l'un d'eux, du temps de Louis XVI, à deux lumières et abat-jour.

129 — Deux chenets Louis XVI en bronze.

130 — Service à thé en cuivre gravé à figures et animaux, enrichi d'ornements dorés. Il se compose : d'une bouilloire avec réchaud, une théière, une cafetière, un bol, un sucrier, deux boîtes à thé, un pot à créme et deux plateaux. Travail allemand du temps de Louis XV.

131 — Pendule Louis XVI en bronze doré et marbre blanc, à pilastres.

132 — Pendule Louis XVI en marbre blanc et marbre noir, garnie de bronzes dorés.

133 — Autre très-petite pendule Louis XVI, en marbre et bronze.

134 — Deux flambeaux en cuivrre poli, modèle flamand.

135 — Horloge horizontale de forme carrée en cuivre gravé. Travail allemand du XVIIe siècle.

136 — Quatre petits flambeaux en bronze formés de figurines debout. Travail moderne.

Meubles

137 — Deux encoignures Louis XV à dessus de marbre blanc.

138 — Écran Louis XV en bois doré, garni d'une tapisserie.

139 — Écran en bois de fer garni de damas rouge.

140 — Table de nuit en marqueterie de bois. Époque Louis XV.

141 — Table à ouvrage Louis XVI, à dessus de marbre et galerie de cuivre découpée à jour.

142 — Fauteuil en bois de chêne sculpté.

143 — Glace avec cadre garni d'ornements en cuivre repoussé.

144 — Boîte en bois, sculptée sur ses quatre faces.

145 — Deux têtes d'anges en bois sculpté et doré. Travail italien.

146 — Glace d'entre-deux avec cadre en bois sculpté. Époque Louis XV.

147 — Cave à liqueurs du temps de Louis XVI.

148 — Guéridon en marqueterie de bois à fleurs.

149 — Petite glace Louis XIII avec cadre en écaille.

150 — Deux guéridons en marqueterie de Ning-Po, ivoire et bois, sur pieds en bois sculpté. Ils seront vendus séparément.

151 — Pendule et son socle du temps de Louis XV, en bois peint en vert et garnie de bronze.

152 — Socle en marqueterie de cuivre et écaille.

153 — Coffret en écaille garni d'ornements en argent repoussé. Époque Louis XIII.

Étoffes et Tapisseries

154 — Lot d'étoffe de soie jaune.

155 — Robe et tablier en étoffe de soie Louis XVI.

156 — Deux portières persanes; personnages en pied; belles bordures brodées.

157 — Deux morceaux d'étoffe chinoise à quatre médaillons.

158 — Cinq tapisseries représentant des paysages avec figures et animaux.

Objets variés

159 — Vase chinois en forme de balustre carré, en bois. Il provient de la collection Pourtalès.

160 — Bénitier en bois sculpté.

161 — Deux petites consoles-supports en bois sculpté et doré. L'une de style Louis XIV et l'autre de style Louis XV.

162 — Panneau en bois sculpté et doré à corbeille de fleurs.

163 — Porte-montre Louis XVI en bois sculpté.

164 — Deux salières en émail de Saxe.

165 — Émail russe décoré de fleurs. Cadre en bronze doré.

166 — Petit tableau représentant des insectes exécutés en cheveux, avec cadre en palissandre.

167 — Plateau en pierre de lard et bois de fer.

168 — Amphore romaine en terre.

169 — Grand pot chinois en terre cuite.

170 — Animal chimérique en terre émaillée de Chine.

171 — Déjeuner en racine de figuier.

172 — Magot en pierre de lard.

173 — Boîte à thé, garniture en étain à fleurs.

174 — Cruche chinoise en terre émaillée vert.

175 — Deux pommes de cannes et un étui chinois en écaille.

176 — Peinture sur émail, encadrée.

177 — Deux gouaches représentant des sujets de chasse.

178 — Trois quenouilles et un étui.

179 — Figure en pierre de lard. Confucius debout.

180 — Boîte en émail de Saxe, fond bleu et décor d'or.

181 — Deux cuillers en argent dont les manches se terminent par une figurine de Vierge.

182 — Deux pièces : couteau à manche de nacre et fourchette pliante garnie d'ornements en argent.

183 — Peinture à l'huile et sur bois; saints prélats en prière.

184 — Deux peintures sur émail ; paysages et figures.

185 — Kalhian persan en argent émaillé.

186 — Tabatière en émail de Saxe formée d'un groupe d'oiseaux.

187 — Étui de missel en cuir gaufré à arabesques. XVIe siècle.

188 — Boîte ronde en écaille à figures et ornements en argent.

189 — Deux boîtes carrées, l'une en ambre sculpté, l'autre en laque burgauté.

190 — Deux pièces : Drageoir ovale en écaille et drageoir carré et plat en émail à dessins laqués et burgautés.

191 — Coffret formé de plaques en dent d'éléphant et monté en argent et pierreries. Travail allemand moderne.

192 — Presse-papier en agate orné d'une figurine d'homme. Même travail.

193 — Moulin à muscade en fer damasquiné d'argent.

194 — Deux pièces : groupe et figurine en ivoire.

195 — Six miniatures représentant des portraits et des sujets divers. Ce lot sera divisé.

196 — Quatre pièces : couteau et fourchette pliant; poinçon à manche en fer damasquiné d'argent et pince en fer formant tire-bouchon.

197 — Nécessaire en peau de chagrin monté et garni de ses ustensiles en argent.

198 — Lot de cristaux de roche pour lustre.

199 — Grattoir à manche en ivoire sculpté à figure de femme.

200 — Deux pièces : flacon en cuivre argenté et boîte en bois sculpté à ornements, oiseaux et devise.

201 — Quatre éventails divers, dont un du temps de Louis XVI.

202 — Deux bonbonnières en ivoire et une boîte en écaille.

203 — Deux pièces : dé en or dans son étui et mesure en ivoire dans un étui en galuchat.

204 — Deux étuis : l'un en vernis de Martin et l'autre en ivoire montés en or.

205 — Deux couteaux Louis XVI ; l'un d'eux pliant à manche de nacre.

206 — Petit miroir à main du temps de l'Empire provenant de la Malmaison.

207 — Deux statuettes en pierre de lard.

208 — Plaque en cuivre repoussé : l'Assomption de la Vierge.

209 — Modèle du tombeau de Scipion en marbre rouge antique.

210 — Très-grande plaque de forme cintrée en cuivre émaillé représentant un paysage avec figures. Travail chinois.

211 — Horloge allemande en cuivre repoussé.

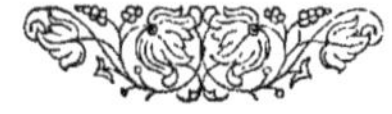

www.ingramcontent.com/pod-product-compliance
Ingram Content Group UK Ltd.
Pitfield, Milton Keynes, MK11 3LW, UK
UKHW020535180726
13839UKWH00006B/2529

9 782329 545615